55 deutsche Redewendungen und Sprichwörter nach Themen

Texte und Zeichnungen:
Gisela Darrah

Inhaltsverzeichnis

1. Er ist Hahn im Korb.
   Über Menschen und Hühner   6

2. Mir raucht der Kopf.
   Körperteile: der Kopf   10

3. Das hat alles Hand und Fuß
   Körperteile: Hände und Füße   15

4. Du hast ja nicht alle Tassen im Schrank!
   Über Gegenstände im Haushalt   19

5. Es ist nur ein Katzensprung
   Von Hund und Katze   24

6. Nicht mit der Tür ins Haus fallen!
   Zum Thema Tür   30

7. Das ist ein alter Hut.
   Über Kleidungsstücke   39

8. Beleidigte Leberwurst
   Über Lebensmittel   44

9. Wie ein Elefant im Porzellanladen
   Von großen und kleinen Tieren   48

10. Morgenstund hat Gold im Mund
    Von der Zeit   48

© 2022 Gisela Darrah
Herstellung und Verlag: BoD – Books on
Demand, Norderstedt
ISBN: 9783756238392

Vorwort

Sprichwörter und Redewendungen, die wir täglich gebrauchen, haben oft einen erstaunlichen geschichtlichen Hintergrund oder oder eine ungewöhnliche Erklärung. Durch sie entstehen Bilder in unserer Vorstellung, die oft mehrdeutig sind und die Fantasie anregen. Die Beschäftigung mit den Ausdrücken und Wendungen bringt uns der Sprache und unserer Kultur auf jeden Fall näher.

Diese kleine Sammlung von 55 Redewendungen, Sprichwörtern und Ausdrücken habe ich zunächst für Deutschlerner geschrieben. Die Sprache ist daher relativ einfach gehalten und die Inhalte werden sowohl durch Zeichnungen als auch durch einen Text, eine Kurzdefinition und Beispiele verdeutlicht.

Als Zielgruppe kann ich mir aber auch gut eine Schulklasse oder einfach interessierte Menschen vorstellen, die sich über unsere alltägliche Sprache Gedanken machen möchten. Ich habe mich als Anrede für ein „Du" entschieden, weil dieses im Bereich Deutsch als Fremdsprache üblich ist und weil viele der Themen auch für Kinder gut geeignet sind.

Die Reihe der Redewendungen werde ich fortsetzen, es hat mir viel Spaß gemacht, zu recherchieren, zu schreiben und zu zeichnen. Es gibt auch schon Videos auf YouTube bei „Gisela und Yamen".

Ich wünsche allen viel Spaß beim Lesen und Betrachten und vielleicht bei der Anwendung der Ausdrücke.

Das Kopieren für Unterrichtszwecke ist ausdrücklich erlaubt.

„Er ist Hahn im Korb."

Über Menschen und Hühner

Esst ihr gerne Eier? Vielleicht auch mal ein Hähnchen vom Grill oder Hühnersuppe?

Hühner sind auf der ganzen Welt sehr beliebte Tiere.
Kein Wunder, dass es so viele Redewendungen gibt, die mit Hühnern zu tun haben.

1. Zum Beispiel möchte jemand am Abend zu einer Party gehen und fragt eine Freundin, ob sie auch mitkommt.
Doch die Freundin sagt: „Tut mir leid, ich bin zu müde, ich möchte lieber früh schlafen gehen."
Ach ja, richtig. **Sie geht ja immer mit den Hühnern zu Bett.**
Die Hühner gehen immer, wenn es dunkel wird, sofort in ihren Hühnerstall und schlafen dort.

mit den Hühnern zu Bett gehen

2. Dafür sind sie dann auch morgens ausgeschlafen und seeehr früh wach. Wer ist am Morgen zuerst wach?

Kein Hahn kräht danach.

Richtig, das ist der Hahn. Er kräht und sagt damit zu seinen Hennen: „Aufstehen!" Alle Nachbarn müssen das hören, ob sie wollen oder nicht.

Wenn aber etwas nicht so wichtig ist, dann sagt man:

Es kräht kein Hahn danach. Das bedeutet, das ist so unwichtig, dass die Leute es nicht bemerken, auch der Hahn kräht deswegen nicht.

Hier stelle ich euch mal die ganze Hühnerfamilie vor:

Der Mann: Das ist der Hahn.

Die Frau: Das ist die Henne.

Die Kinder heißen Küken.

Die Henne, wenn sie auf ihren Eiern sitzt, nennt man „Glucke".

3. Zurück zu unserer Geschichte. Jemand geht also zu einer Party und es sind schon einige Leute da, viele Frauen und nur ein einziger Mann. **Er ist Hahn im Korb.**

I

Er ist Hahn im Korb.

Das könnte man so erklären: In früherer Zeit wurden Hühner auf dem Markt verkauft. Sie wurden in einem Korb dorthin getragen. Ein Mann ist „Hahn im Korb", wenn außer ihm keine anderen Männer da sind.
Er hat deshalb viele Chancen bei den anwesenden Damen.

4. Auf der Party spricht man dann oft auch über andere Freunde. Jemand erzählt, dass Sara eine tolle Wohnung gefunden hat, gar nicht teuer und in einer schönen Gegend. Und sie musste nicht lange suchen.

Ein blindes Huhn findet auch einmal ein Korn.

Man kann auch mal Erfolg haben ohne selbst viel dafür zu tun.

Ein blindes Huhn findet auch einmal ein Korn.

Nochmal kurz:

Er / Sie geht mit den Hühnern zu Bett.

= Jemand geht sehr früh zu Bett.

Es kräht kein Hahn danach.

= Etwas ist unwichtig und niemand bemerkt es.

Er ist Hahn im Korb.

= Er ist der einzige Mann unter vielen Frauen und hat deshalb viele Chancen.

Ein blindes Huhn findet auch einmal ein Korn.

= Man kann auch durch Zufall erfolgreich sein.

„Mir raucht der Kopf."

Redewendungen zum Thema Kopf

Der Kopf des Menschen ist natürlich ein sehr wichtiger Körperteil. Schon allein deshalb, weil sich das Gehirn darin befindet, mit dem wir denken. Aber auch wichtige Sinnesorgane haben ihren Sitz im Kopf: die Augen, die Ohren, die Nase, der Mund, also das Sehen, Hören, Riechen und Schmecken.

Mit dem Kopf oder mit Teilen des Kopfes haben folgende Ausdrücke zu tun:

1. Mir raucht der Kopf.

Das heißt, dass wir zum Beispiel viel gelernt haben und das Gefühl haben, dass der Kopf schon ganz heiß ist, so wie ein Motor, der lange gelaufen ist.

Du kannst sagen: „Jetzt habe ich so viel Deutsch gelernt, mir raucht der Kopf!"

Auch wenn andere Personen sehr viel sprechen, passt der Ausdruck.
„Konrad hat gestern den ganzen Abend von seinem neuen Auto gesprochen.
Mir raucht immer noch der Kopf!"

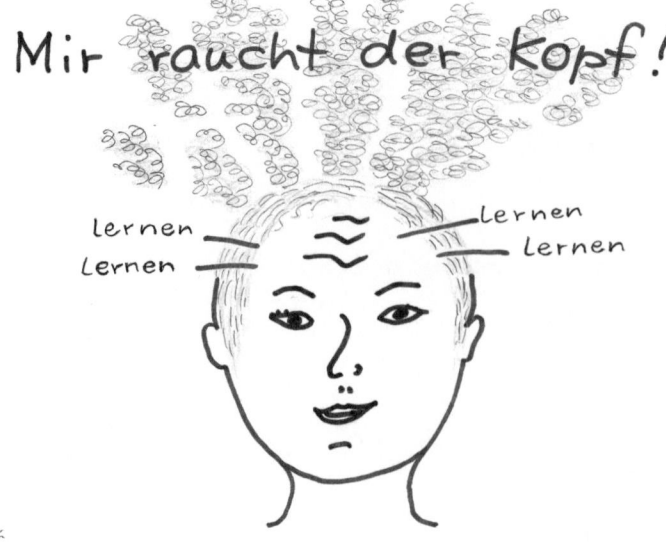

2. Manchmal fühlen wir uns auch *kopflos*. Da haben wir das Gefühl: Wo ist eigentlich mein Kopf geblieben? Ich bin verwirrt, ich weiß nicht, was ich tun soll, ich renne vielleicht hin und her und überlege, was am besten zu tun ist.

Den Ausdruck kannst du zum Beispiel in diesen Situationen gebrauchen:

Monika hat heute Morgen eine schöne Vase fallen lassen, sie ist zerbrochen. Statt die Scherben aufzufegen, rannte sie *kopflos* hin und her.

Bei der Prüfung konnte ich mich nicht konzentrieren, ich habe einfach *kopflos* ein paar Antworten geschrieben.

3. Ein Ausdruck sagt: *„Er / Sie ist blauäugig."* Damit ist gemeint, dass die Person naiv, leichtgläubig und unerfahren ist. Die Person glaubt einfach alles, was man ihr erzählt.

Woher kommt dieser Ausdruck? Es hat damit zu tun, dass in Mitteleuropa Babys zuerst mit blauen Augen zur Welt kommen und erst später andere Augenfarben bekommen wie braun oder grün. Blaue Augen haben daher die Bedeutung von jung und unerfahren.

Diese Ausdrücke hört man oft:

Die Kundin unterschrieb **blauäugig** *den Kreditvertrag, der sehr unvorteilhaft für sie war.*

Du kannst doch nicht einer Bekanntschaft aus dem Internet vertrauen, das ist **blauäugig.**

blauäugig = naiv

Er hat blauäugig den
Vertrag unterschrieben.

---

4. *Und nun kommen wir zu den Ohren. Jemand hat eine schwierige Zeit vor sich, zum Beispiel eine Prüfung oder eine Reise. Ich sage zu ihm:* „**Halt die Ohren steif!**" *Ich meine damit, dass er gut aufpassen und die Situation meistern soll.*

Dieser Ausdruck kommt aus dem Tierreich. Ein Hund, eine Katze oder ein Pferd zum Beispiel hat hochstehende Ohren und kann viel besser hören als ein Mensch. Nicht umsonst sind Hunde als Wächter des Hauses bekannt.

Oft sagt man das zu einer Person, die für längere Zeit weggeht und man meint damit, sie soll gut auf sich aufpassen.

Jemand fliegt in die USA, um dort zu studieren. Man sagt: „*Alles Gute und* **halt die Ohren steif!**"

Auch wenn jemand einen wichtigen Termin hat, zum Beispiel ein Bewerbungsgespräch, kann man sagen:
„Viel Glück und halt die Ohren steif!"

Halt die Ohren steif!

= Pass auf dich auf!

5. Zuletzt erkläre ich noch einen Ausdruck über die Stelle <u>hinter</u> den Ohren.
„Er hat es faustdick hinter den Ohren.", das bedeutet, dass jemand hinterhältig ist oder etwas vorhat, das man nicht gleich merkt.
Ein alter Volksglaube besagt nämlich, dass kleine Dämonen hinter den Ohren sitzen können. Sie können dem Menschen etwas ins Ohr flüstern. Da ist Vorsicht geboten.

In folgenden Situationen verwendest du zum Beispiel diesen Ausdruck.
Fritz wirkt immer ganz zuverlässig und nett. **Aber er hat es faustdick hinter den Ohren.** Ich würde keine Geschäfte mit ihm machen.

Egon ist nicht ehrlich. Er spielt dir die ewige Liebe vor, **aber er hat es faustdick hinter den Ohren.** Pass auf!

Er hat es faustdick hinter den Ohren. !

die Faust

= Ich vertraue ihm nicht.

Nochmal kurz:

Mir raucht der Kopf.

= Ich habe viel gelesen, gehört oder gelernt und habe genug davon.

kopflos = ohne nachzudenken, nervös

blauäugig = unerfahren, naiv

Halt die Ohren steif! = Pass auf dich auf!

Er / Sie hat es faustdick hinter den Ohren.

= Jemand ist nicht vertrauenswürdig.

„Du hast ja nicht alle Tassen im Schrank."

Gegenstände im Haushalt

Ich bin zu Hause in meiner Wohnung und ich habe mir Gedanken gemacht, wie viele Redewendungen es gibt, die mit alltäglichen Dingen zu tun haben, mit Gegenständen, die jeder zu Hause hat.

1. Fangen wir mal mit dem Geschirr an.

Jemand ist ein bisschen verrückt, ein bisschen anders oder hat eine seltsame Idee, und schon sagt man: „Du hast ja nicht alle Tassen im Schrank!"

Der Ausdruck ist eine nette Umschreibung für die Tatsache, dass ich denke: „Du bist verrückt."

Wenn deine beste Freundin sagt: „Ich habe beschlossen, nach Australien auszuwandern.", könnte deine Reaktion sein: „Was? Du hast ja nicht alle Tassen im Schrank! So weit weg!"

Oder eine Gruppe von Leuten sitzt auf dem Gehweg und spielt Karten. Man könnte sagen: „Haben die noch alle Tassen im Schrank?"

Du hast ja nicht alle Tassen im Schrank!

2. *Im Küchenschrank sind auch viele Töpfe in verschiedenen Größen.*
Aber auf jeden Topf passt ein Deckel. *Genau wie bei uns Menschen. Jeder Mann findet seine passende Frau, jede Frau ihren passenden Mann.*
Das sagst du vielleicht über einen Mann, der lange nach einer Frau gesucht hat und plötzlich eine Einladung zur Hochzeit schickt.

„Wie schön, dass er heiratet! **Auf jeden Topf passt doch ein Deckel!"**

3. *Bei der Flasche kommt es auf den Inhalt an. Ob Wasser, Saft oder Öl, eine Flasche ohne Inhalt ist nicht viel wert. Darum sage ich auch zu einem Freund, der zum Beispiel nicht so sportlich ist:* **„Du bist eine Flasche!"** *Unter Freunden ist das humorvoll gemeint. Zu Fremden würde ich das aber nicht sagen.*

4. *Sicher hast du einen Teppich zu Hause. Auf dem Teppich im Wohnzimmer findet gewöhnlich das Familienleben statt. Dort ist man in seiner Welt und in seinem Alltag zu Hause.*

Wenn ich zu jemandem sage: „Jetzt bleib mal auf dem Teppich!", dann meine ich, er solle nicht übertreiben, nicht zu viel wollen, nicht zu hohe Erwartungen haben, nicht zu starke Reaktionen zeigen. Diese Person soll sich nicht zu sehr von ihrem normalen Alltag entfernen.
Diese Redewendung kann man verwenden, wenn jemand große Pläne macht, die aber nur schwer zu realisieren sind oder ein großes Risiko bedeuten.

Ein Freund von dir braucht ein neues Auto, er hat aber nicht viel Geld. Er möchte einen Porsche kaufen.
Du sagst zu ihm: „Jetzt bleib mal auf dem Teppich. Wenn du dieses Auto kaufst, musst du viele Jahre abbezahlen. Überlege dir das gut."

5. *Wenn dir langweilig ist, weil der Alltag immer dieselben Aufgaben und dieselbe Umgebung bietet, dann brauchst du einen* Tapetenwechsel. *Dieser Ausdruck bedeutet, dass man eine andere Umgebung möchte. So wie zu Hause ein Wohnzimmer mit neuen Tapeten. Man fühlt sich besser, wenn man nicht immer das Gleiche sieht.*

Manche Menschen planen einen Urlaub und sagen: „Ich brauche dringend einen Tapetenwechsel."

Andere gehen nur für eine Stunde ins Café, um eine Freundin zu treffen und meinen: „Das hat gut getan. Ich habe den Tapetenwechsel gebraucht."

Zum Glück muss man dafür nicht die Tapete wechseln, das wäre ja anstrengend.

Ich brauche einen Tapetenwechsel.

Nochmal kurz:

Du hast ja nicht alle Tassen im Schrank. = Du bist ja verrückt.

Auf jeden Topf passt ein Deckel.= Jeder Mann findet eine passende Frau, jede Frau findet einen passenden Mann.

Du bist eine Flasche. = Du bist schwach, unfähig, nicht fit.

Bleib mal auf dem Teppich. = Bleib mal realistisch.

Ich brauche einen Tapetenwechsel.= Ich möchte etwas Neues sehen und erleben.

„Das hat alles Hand und Fuß."

Über Hände und Füße

Hände und Füße sind wichtig für uns. Wir könnten nicht gehen oder greifen ohne unsere Füße, wir könnten nicht arbeiten oder schreiben ohne unsere Hände. Es gibt viele Ausdrücke und Redewendungen über sie.

1. Deshalb sagt man auch, wenn ein Argument gut ist oder ein Plan vernünftig ist:

„Das hat Hand und Fuß."

Man meint damit: Das ist ein guter Plan, das wird funktionieren.

Deine Organisation für die Hochzeitsfeier hat Hand und Fuß. Das wird gut klappen, da bin ich überzeugt.

Die Argumente von Herrn Weber haben Hand und Fuß. So sollen wir es machen. Damit bin ich einverstanden.

2. Wenn ich über eine Person sage: „ *Er / Sie lebt auf großem Fuß.* " , dann ist damit gemeint, dass er oder sie viel Geld ausgibt und wie ein reicher Mensch lebt. Woher kommt dieser Ausdruck?

Er geht auf eine reiche Person zurück, den Grafen von Anjou in Frankreich. Er hatte sehr viel Geld und lebte sehr luxuriös, und er hatte sehr große Füße.

Sabine ist Studentin. **Trotzdem lebt sie auf großem Fuß,** sie geht oft aus. In der Mitte des Monats bekommen ihre Eltern dann Hilferufe von ihr, weil sie kein Geld mehr hat.

Familie Heinrich **lebt auf großem Fuß.** Sie haben ein großes Haus mit Garten und fahren häufig in Urlaub. Sie können es sich leisten, beide Eltern verdienen gut.

Champagner

Rolex

Kaviar

viel Geld

Er lebt auf großem Fuß.

3. Ein Ausdruck, den ihr sicher alle verstehen könnt, ist: **einen Fuß in die Tür bekommen.** Als ich ein Kind war, gab es oft Verkäufer, die an der Tür klingelten und ihre Waren anboten. Und sie haben gleich ihren Fuß in die Tür gestellt, um sicher zu sein, dass man ihr Angebot anhört und nicht die Tür gleich wieder zumacht.

Der Ausdruck bedeutet also, eine Chance zu haben, eine Möglichkeit. Allerdings noch nicht mit sicherem Ausgang.

*Ich möchte gern bei der Firma XX **einen Fuß in die Tür bekommen.** Deshalb mache ich ab Mai dort ein Praktikum.*

einen Fuß in die Tür bekommen

4. *Nun zu den Händen.* **Hand aufs Herz,** *meinst du das wirklich ehrlich? In früherer Zeit legte man bei einer Gerichtsverhandlung die rechte Hand auf das Herz, um zu schwören, dass man die Wahrheit sagt.*

Hand aufs Herz, *warst du wirklich gestern nicht in der Kneipe? Markus sagt, er hat dich dort gesehen.*

Du willst keinen Kuchen mehr? **Hand aufs Herz,** *du möchtest doch sicher noch ein Stück.*

Hand aufs Herz

5. Der Ausdruck *„Ich drücke dir die Daumen."*, wenn jemand eine Prüfung hat oder ein Vorstellungsgespräch oder einen anderen wichtigen Termin, geht bis zu den Germanen zurück.

Der Daumen ist der wichtigste Finger, der zum Greifen sehr notwendig ist. Diesen Daumen zu drücken, sollte Glück bringen.

Situationen, wo du das sagen kannst:

Ich drücke dir die Daumen für das Vorstellungsgespräch. Hoffentlich bekommst du die Stelle.

Viel Glück bei deiner Verabredung. *Ich drücke dir die Daumen!*

Alles Gute für die Operation. *Ich drücke die Daumen,* dass alles gut geht.

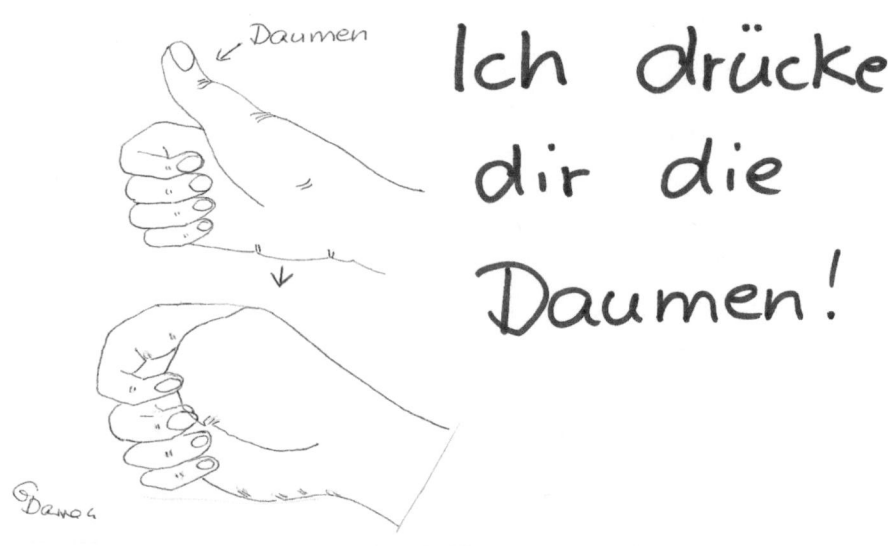

6. So, *jetzt nehme ich die Beine in die Hand* und gehe nach Hause.

Warum sagt man das? Wenn Sportler sehr schnell rennen, fliegen ihre Beine hoch und es sieht so aus, als ob sie bis zur Hand reichen würden.

Ich nehme jetzt die Beine in die Hand.

Nochmal kurz:

Das hat Hand und Fuß. = Die Meinung / der Vorschlag ist gut begründet.

Er / Sie lebt auf großem Fuß.
= Jemand gibt viel Geld aus und lebt wie ein reicher Mensch.

… einen Fuß in die Tür bekommen …
= einen Zugang zu einer Chance bekommen

Hand aufs Herz! = Sag die Wahrheit!

Ich drücke dir die Daumen! = Ich wünsche dir Glück!

Ich nehme die Beine in die Hand. = Ich gehe jetzt.

„Es ist nur ein Katzensprung"

Hund und Katze

Hast du auch ein Haustier? Die beliebtesten Haustiere in Deutschland sind ohne Zweifel der Hund und die Katze.

Der Hund stammt vom Wolf ab und dieser lebt in einem Rudel mit vielen Tieren zusammen. Es gibt ein Leittier, einen Chef.
Deshalb folgt der Hund seinem Herrchen oder Frauchen und macht, was dieser sagt. Die Katze dagegen ist als Wildtier ein Einzelgänger. Daher ist sie sehr selbständig und macht meistens, was sie will. Viele Leute sagen sogar, dass sie der Chef oder die Chefin im Haus ist.

Zunächst möchte ich über den Hund sprechen. Man sagt über ihn, dass er **der beste Freund des Menschen** ist, immer treu und aufmerksam.

1. Wenn das Wetter einmal sehr schlecht ist, wenn es stürmt und regnet, dann hört man oft Leute sagen: **Bei diesem Wetter jagt man keinen Hund vor die Tür.**
Nicht mal ein Hund würde jetzt nach draußen gehen. Es wäre auch gemein, ihn jetzt raus zu schicken.

Bei diesem Wetter jagt man keinen Hund vor die Tür.

2. *Wie wir schon sagten, lebte der Hund in seiner Urform, als Wolf, im Rudel, also in einer Gemeinschaft. Auch der Mensch lebt nicht so gern allein. Und wenn man mit anderen zusammenlebt, dann muss man Gemeinsamkeiten finden und man muss sich anpassen.*

In einer Situation, wenn jemand zum Beispiel in einer Firma oder in einer Familie nicht mit allem einverstanden ist, wird das Sprichwort gebraucht: „Man muss mit den Wölfen heulen."

Ich kann nicht ein Wolf unter Wölfen sein und „Miau" sagen. Das passt nicht. Es ist besser, sich anzupassen, also alles so zu machen wie die anderen.

3. *Der Wolf und der Hund jagen auch im Rudel. Das Beutetier muss sehr schnell sein, um ihnen zu entkommen. Den letzten beißen die Hunde.*

Auf den Menschen übertragen bedeutet das, wer nicht schnell ist und wer nicht aufpasst, hat Pech und ist auf jeden Fall im Nachteil.

Das kann man sagen, wenn jemand sich nicht um seine Angelegenheiten kümmert, nicht schnell reagiert.

Jemand hat seine Unterlagen zu spät abgegeben. Oder nicht auf Post geantwortet und dadurch einen Nachteil bekommen. Jaja. Den letzten beißen die Hunde.

Man muss schon aufpassen.

4. *Nun zur Katze. Sie ist dafür bekannt, dass sie gern Mäuse jagt. Der Mensch kauft für seine Katze Katzenfutter. Aber es liegt in ihrer Natur, dass sie trotzdem noch Mäuse jagt. Sie ist eben ein Raubtier.*

Deshalb sagt man über Menschen, die eine schlechte Angewohnheit haben: „Die Katze lässt das Mausen nicht." Es liegt in ihrer Natur, auch wenn sie versuchen, es zu lassen.

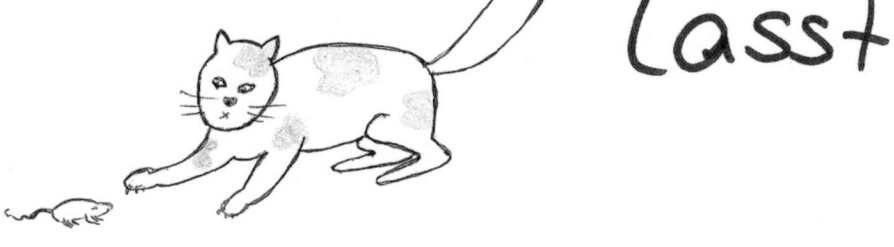

5. *Wer zu viel Alkohol getrunken hat, fühlt sich am nächsten Tag schlecht. „Er / Sie hat einen Kater."*

Warum hier das Wort für die männliche Katze gebraucht wird, ist nicht ganz klar. Vielleicht fühlt man sich so schlecht wie ein Kater, der in der Nacht jammert. Der „Kater" wird nämlich auch „Katzenjammer" genannt.

6. *Ich habe mühevoll eine Arbeit verrichtet, zum Beispiel den Fußboden sauber gemacht. Leider war das „für die Katz", weil gleich danach die Kinder alles wieder schmutzig gemacht haben.*

Ein anderes Beispiel: Meine Vorbereitung auf die Prüfung war **für die Katz**, es gab ein ganz anderes Thema als ich vermutet habe.

Dieser Ausdruck kann seinen Ursprung im Essen haben, das übrig bleibt und der Katze gegeben wird. Man hat „**für die Katz**" gekocht.

7. Wenn du ein Auto oder ein Haus kaufst, oder auch ein Handy, dann musst du es unbedingt vorher sehen und prüfen. Andernfalls hast du **die Katze im Sack gekauft.**

Du kannst einen Freund warnen und sagen: „Du musst mit dem Auto eine Probefahrt machen. **Du kannst doch nicht die Katze im Sack kaufen.** Vielleicht läuft es nicht so gut."

Die Katze im Sack kaufen ...

8. Wenn ich sagen möchte, dass ein Weg sehr kurz ist, verwende ich gern den Ausdruck: „**Das ist nur ein Katzensprung!**"

Zum Einkaufen im Supermarkt habe ich es nicht weit, **es ist nur ein Katzensprung!**

Es ist nur ein Katzensprung.

Meine Freundin wohnt auch in meiner Nähe, nur ein paar Straßen weiter, **nur einen Katzensprung** entfernt.

8. Zum Abschluss möchte ich noch eine Redewendung erwähnen, die beide Tiere beschreibt, Hund und Katze.

 Ich frage dich zum Beispiel, ob deine Kinder sich gut verstehen. Das ist aber leider nicht der Fall. Sie streiten sich oft, sie sind *„wie Hund und Katze."*

Im echten Leben vertragen sich manchmal Hund und Katze, aber meistens tun sie das nicht.

Sie sind wie

Hund und Katze.

Nochmal kurz:

Bei diesem Wetter jagt man keinen Hund vor die Tür.

= Es ist wirklich schlechtes Wetter.

Man muss mit den Wölfen heulen.

= Wenn man zu einer Gruppe gehören will, muss man sich anpassen.

Den Letzten beißen die Hunde.

= Man muss immer aufpassen und wachsam sein.

Die Katze lässt das Mausen nicht.

= Schlechte Gewohnheiten kann man schwer ablegen.

Er / Sie hat einen Kater. (Katzenjammer) = Jemand ist betrunken.

Das war für die Katz. = Das war umsonst, das hat sich nicht gelohnt.

Es ist nur ein Katzensprung. = Es ist in der Nähe, es ist nicht weit.

Sie sind wie Hund und Katze. = Sie vertragen sich nicht. Sie streiten häufig.

„Wie ein Elefant im Porzellanladen"
Von großen und kleinen Tieren

Wir Menschen schreiben den Tieren bestimmte Eigenschaften oder einen Charakter zu. Daraus entstanden auch viele Sprichwörter und Ausdrücke. Das gilt für Wildtiere ebenso wie für Nutztiere.

1. Wohnst du in einer großen Stadt oder in einem kleinen Dorf?
Um das Dorf herum gibt es viele grüne Wiesen und Felder, und auch viele Wildtiere.
Man kann sagen: Ich wohne da, **wo sich Fuchs und Hase „Gute Nacht!" sagen.**

Man meint damit, dass der Ort sehr abgelegen ist und es nicht viele Menschen gibt, mehr Tiere. Das ist für manche Menschen positiv, für andere negativ.

„Wo habt ihr letztes Jahr Urlaub gemacht?"
„Im Schwarzwald in einem kleinen Dorf, **wo sich Fuchs und Hase „Gute Nacht!" sagen."** Es war wunderschön.
„Warum ziehst du nach Mannheim?"
„Ich bin nicht glücklich auf dem Land. Mir ist es langweilig im Dorf, da ist nichts los. **Da sagen sich nur Fuchs und Hase „Gute Nacht!"**

Wo Fuchs und Hase sich „Gute Nacht" sagen ...

2. Der Fuchs ist auch dafür bekannt, dass er sehr schlau ist.

So nennt man manchmal auch einen Menschen, der klug und zu seinem Vorteil handelt, besonders auch im Geschäftsleben, einen „Fuchs" oder „Schlaufuchs".

Der Hase dagegen ist weniger gut angesehen. Er ist für schnelles Wegrennen bekannt. So nennt man einen ängstlichen Menschen, der sich nichts traut, einen „Hasenfuß".

„Kommst du mit zum Bunjie Jumping?"

„Oh, nein, auf keinen Fall. Ich bin ein Hasenfuß."

„Ich will nicht mit der Klasse Theater spielen. Ich kann nicht vor einem Publikum sprechen!"

„Ach, mach doch mit! Sei kein Hasenfuß!"

3. Ein anderes Tier, über das es viele Sprichwörter und Redewendungen gibt, ist das Pferd.

Umgangssprachlich sagt man, wenn man sehr überrascht ist:

„Ich glaub, mich tritt ein Pferd."

Das war wohl in früheren Zeiten oft plötzlich der Fall. Damals wurde der Transport von Waren und Personen immer mit Pferden organisiert. So kam es öfters mal vor, dass eine Person von einem nervösen Pferd einen Tritt bekam.

Zum Glück ist es heute nur eine Redewendung.

4. Ein anderes Wort für Pferd ist „Gaul" und ein häufig benutztes Sprichwort lautet:

„Dem geschenkten Gaul schaut man nicht ins Maul."

Was steckt wohl hinter diesem Sprichwort? Ganz einfach, die Zähne verraten das Alter eines Pferdes, auch wenn das Pferd noch gut aussieht. Wenn du etwas geschenkt bekommst, sollst du es nicht genau betrachten oder etwas kritisieren. Ein Geschenk ist etwas Schönes und man beschwert sich nicht darüber.

Du kannst das Sprichwort in diesen Situationen anwenden. Mit einer guten Freundin unterhältst du dich beim Kaffee. Sie hatte vor Kurzem Geburtstag und hat von ihrer Schwester eine Bluse bekommen, die ihr aber gar nicht gut gefällt.

Du sagst: *„Naja, dem geschenkten Gaul schaut man nicht ins Maul."*

(oder: Dem geschenkten Gaul guckt man nicht ins Maul.)

Ich würde den Ausdruck eher bei guten Freunden verwenden, die auch Humor haben.

5. Der Esel hat leider keinen guten Ruf. Eigentlich sind Esel ja sehr intelligent, und das zeigt sich auch darin, dass sie nicht alles tun, was der Mensch verlangt. Den Menschen gefällt das aber nicht und so ist „Esel" ein Schimpfwort geworden.

Wenn ich mir aber etwas nicht gut merken kann, brauche ich eine *„Eselsbrücke"*.

die Eselsbrücke

Wie bitte? Ja, Esel machen wirklich nicht alles, was Menschen wollen, und sie weigern sich auch, über Bäche und Flüsse zu springen oder durch das Wasser zu waten. Der Mensch muss dann speziell für den Esel eine Brücke bauen, damit er leichter über einen Bach kommt.

Beim Lernen ist **eine Eselsbrücke** etwas, was das Lernen erleichtert. Ich kann mir den Namen von einer Person nicht merken, sie heißt Frau Landstuhl. Also stelle ich mir die Person vor, wie sie auf einem Land auf einem Stuhl sitzt. Dieses Bild im Kopf hilft mir und ich kann mir den Namen sehr gut merken mit Hilfe der **Eselsbrücke.**

6. Nun zu einem noch viel größeren Tier, dem Elefanten. Der Elefant ist so groß, dass er kaum in einen Laden passt und sich nicht umdrehen könnte, ohne etwas herunterzuwerfen.

In einem Porzellanladen kann man sich vorstellen, dass es viel Schaden geben würde.

Da gibt es Menschen, die auch, oft ohne es zu wissen, viel Schaden anrichten, nicht unbedingt indem etwas kaputt geht, aber mit ihren Worten.

Ich sage über eine Person, die nicht überlegt, was sie sagt, und die damit viele andere beleidigt: **Sie ist wie ein Elefant im Porzellanladen.**

Vielleicht warne ich auch einen Freund oder eine Freundin: Überlege dir, was du zu

Marina sagst. Benimm dich nicht wie ein Elefant im Porzellanladen.

Ein eindrucksvolles Bild, wie ich finde.

Nochmal kurz:

… wo sich Fuchs und Hase „Gute Nacht!" sagen …
= in einem sehr kleinen Dorf, sehr weit von einer Stadt entfernt

der Schlaufuchs = ein schlauer Mensch

der Hasenfuß = ein ängstlicher Mensch

Ich glaub, mich tritt ein Pferd. = Ich bin sehr überrascht.

Dem geschenkten Gaul schaut (guckt) man nicht ins Maul.
= Man kritisiert kein Geschenk.

Die Eselsbrücke = eine Lernhilfe, eine Gedächtnisstütze

Er / Sie benimmt sich wie ein Elefant im Porzellanladen.
= Jemand richtet viel Schaden an, ohne es zu merken.

„mit der Tür ins Haus fallen"
Redewendungen zum Thema Tür

1. Stell dir vor, du möchtest dir von einem guten Freund Geld leihen. Du triffst ihn in der Stadt und du sagst: „Hallo, ich brauche 300 € und zwar heute noch!"

Wie wird er reagieren? Nicht so gut, denke ich. Er hat gerade ganz andere Dinge im Kopf und sagt: „Nein, tut mir leid."
Ja, du bist einfach mit der Tür ins Haus gefallen!

mit der Tür ins Haus fallen

Ich habe eine Grammatikfrage an Lisa. Ich spreche aber zuerst mit ihr über das Wetter und über ihre Familie. **Ich möchte ja nicht mit der Tür ins Haus fallen.**

Stefan interessiert sich für Mona. Er möchte mit ihr befreundet sein. Er lädt sie zu einem Kaffee ein und beide unterhalten sich ganz entspannt. Er denkt: „Langsam, langsam. **Nur nicht mit der Tür ins Haus fallen.**"

Dein Mann / deine Frau hat ein wichtiges Gespräch mit dem Vermieter. Ihr möchtet Reparaturen in der Wohnung erreichen.
Du sagst: **„Und denke daran: Nicht mit der Tür ins Haus fallen!"**

2. Eine andere Redewendung zum Thema „Tür" ist:

vor seiner eigenen Tür kehren

„kehren" ist ein anderes Wort für fegen, also mit einem Besen sauber machen.

Man soll ja nicht immer schauen, ob es vor der Tür des Nachbarn sauber ist. Das heißt, man soll nicht immer schauen, was andere Leute falsch machen.

Egal, ob meine Nachbarin eine komische Jacke trägt. Egal, ob es im Garten nebenan gut aussieht oder nicht. Egal, ob mein Kollege zu viel raucht.

Ich sollte auf mich selbst achten und mein eigenes Verhalten kontrollieren.

Jeder soll vor seiner eigenen Tür kehren.

Ein Schüler sagt: Fares hat so viele Fehler im Test!

Die Lehrerin antwortet: **Na, solltest du nicht lieber vor deiner eigenen Tür kehren?**

Was meinst du dazu? Habe ich recht?

3. Nun möchte ich noch ein Sprichwort vorstellen.

Man sagt: **Wenn eine Tür sich schließt, öffnet sich eine andere.**

Dieser Satz soll uns trösten, wenn wir etwas Gewohntes vermissen.

Zum Beispiel: Jemand muss in eine fremde Stadt ziehen und fühlt sich allein.

Eine Freundschaft ist zu Ende, man versteht sich nicht mehr so gut. Das ist traurig.

Deine Bewerbung bei einer Firma hatte keinen Erfolg.

Du hast die Wohnung nicht bekommen, die du gern wolltest.

Du bist enttäuscht.

Da sagt ein guter Freund / eine gute Freundin:

Wenn eine Tür sich schließt, öffnet sich eine andere.

Nur Mut!

Auch ich wünsche euch, dass sich für euch viele Türen öffnen und neue Chancen sich bieten!

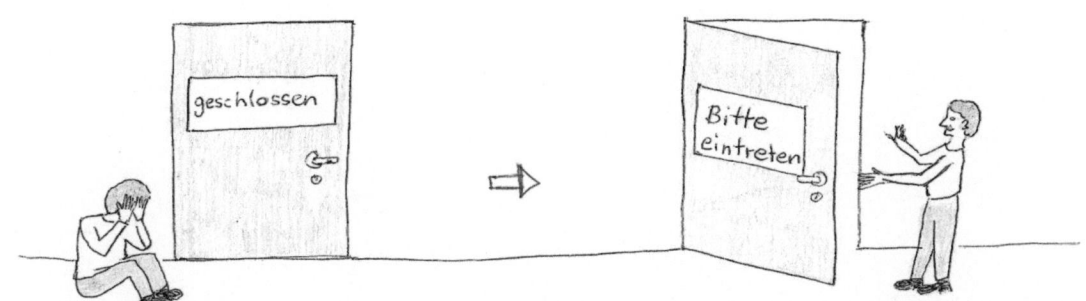

Wenn eine Tür sich schließt,
öffnet sich eine andere.

<u>*Nochmal kurz:*</u>

… mit der Tür ins Haus fallen ...

= ohne Einleitung mit einer Bitte oder Nachricht beginnen

Jeder soll vor seiner eigenen Tür kehren.

= Man soll nicht andere kritisieren, sondern lieber das eigene Verhalten verbessern.

Wenn eine Tür sich schließt, öffnet sich eine andere.

= Es gibt immer wieder neue Chancen.

„Das ist ein alter Hut."

Redewendungen zu Kleidungsstücken

1. Stell dir vor, du sprichst mit einem guten Freund über einen Plan. Ihr möchtet zum Beispiel renovieren. Du fragst ihn: „Welches Zimmer sollen wir zuerst machen, das Wohnzimmer oder das Schlafzimmer?"

Er antwortet: „Das ist doch Jacke wie Hose."

Wie bitte? Was soll das bedeuten? Diese Redewendung geht bis ins 18. Jahrhundert zurück. Damals wurde der Anzug erfunden, wo die Jacke und die Hose aus dem gleichen Stoff geschneidert wurde. Daher also „Jacke wie Hose".

Du kannst also in einer Situation, wo jemand zwei Optionen hat, und wo es egal ist, welche er wählt, die Redewendung verwenden.

Das ist doch

Jacke wie Hose.

Sollen wir heute einkaufen oder lieber morgen?

Essen wir Kartoffeln oder Reis?

„Das ist doch Jacke wie Hose." So drückst du aus, dass es dir völlig egal ist.

2. Bleiben wir mal bei der Hose. Es ist aber nicht egal, **wer die Hosen anhat.**

Jemand sagt über einen Mann: *„Seine Frau hat die Hosen an."* Und man meint damit, dass sie das Sagen hat und die Chefin in der Familie ist.

3. Wer nicht die Hosen anhat, **der steht vielleicht unter dem Pantoffel.** Der Pantoffel ist der Schuh für zu Hause, weich und ohne Ferse.

Oha. Wie kann ich **unter dem Pantoffel stehen?** Nur, wenn eine andere Person ihn über meinem Kopf schwingt. Ob derjenige mir drohen will, oder mich schlagen will, es ist jedenfalls nichts Gutes.

Er steht unter dem Pantoffel.

G.Darou

Beide Ausdrücke sagt man in der Familie oder in der Nachbarschaft.

Meistens ist er humorvoll gemeint und umgangssprachlich.

Ein Mann, der sich nicht gegenüber seiner Frau durchsetzen kann, wird auch *„Pantoffelheld"* genannt.

4. Der nächste Ausdruck lässt sich eher auch in der Hochsprache verwenden.

Jemandem etwas in die Schuhe schieben.

Bedeutung: Den Verdacht auf eine andere Person lenken.

In einem Büro sagt Herr Klein zum Chef: „Frau Müller hat gestern den wichtigen Brief nicht abgeschickt. Deshalb haben wir jetzt Ärger mit der Firma XY."

Der Chef stellt Frau Müller zur Rede. Sie sagt: „**Das lasse ich mir nicht in die Schuhe schieben.** Herr Klein hat vergessen, mir den Brief auf den Schreibtisch zu legen."

Alles klar, jetzt bleibt nur noch zu klären, was das Ganze mit Schuhen zu tun hat.
Im Mittelalter haben Gäste in einer Herberge immer die Schuhe vor die Tür gestellt. Wenn ein Dieb Angst hatte, dass das Diebesgut, zum Beispiel Schmuck oder Geldmünzen, bei ihm entdeckt werden könnte, hat er es einfach einem anderen in die Schuhe geschoben.

Du kannst die Redewendung in einer Situation verwenden, wenn du denkst jemand will dich als den Schuldigen aussehen lassen.

- **Das kannst du mir nicht in die Schuhe schieben! Das war ich nicht.**

- **Wollen Sie mir das in die Schuhe schieben? Ich bin daran nicht schuld.**

5. Lasst uns vom Hut sprechen. Auch hier gibt es lustige Redewendungen, die sicher auch schon alt sind.

Jemand erzählt dir eine Neuigkeit aus dem Bekanntenkreis.
„Weißt du schon, Selma und Mark haben sich getrennt."
Da weißt du es aber besser: „**Das ist ein alter Hut.** Inzwischen sind sie schon wieder zusammen."

Ein alter Hut bedeutet also, eine Neuigkeit ist gar nicht mehr neu, sondern jeder weiß es schon und vielleicht stimmt es gar nicht mehr.

Eine Freundin klagt: „Oje. Ich lerne Deutsch, ich arbeite im Hotel und der Haushalt muss auch gemacht werden. *Wie soll ich das unter einen Hut bringen?"*

Das bedeutet also, etwas ist zu viel und ich weiß nicht, wie ich das alles machen soll. Oder in der Familie hat jeder eine andere Meinung. *Es ist schwer, alle unter einen Hut zu bringen.*

Was man früher vielleicht wirklich unter einem Hut getragen hat, ist heute nur noch ein Symbol für zu wenig Zeit und zu viel Arbeit, zu viele Meinungen …

Es ist schwer, alles unter einen Hut zu bekommen.

Arbeiten   Lernen

Hausarbeit

Familie   Freunde

Hobbys   Kinder   Termine   Sport

Kochen   Partner   Einkaufen

Danach…   Garten   Formulare

Es gibt so viele Redewendungen!

Wie kann man sie alle unter einen Hut bringen?

Nochmal kurz:

Das ist doch Jacke wie Hose. = *Das ist doch völlig egal.*

Er / Sie hat die Hosen an. = *Jemand ist dominant.*

Er / Sie steht unter dem Pantoffel. = *Jemand kann sich nicht durchsetzen.*

... jemandem etwas in die Schuhe schieben ...
= *... den Verdacht auf jemanden lenken ...*

Das ist ein alter Hut. = *Das ist schon bekannt, das ist nicht neu.*

Es ist schwer, alles unter einen Hut zu bringen.
= *Es ist schwer, viele Aufgaben oder Meinungen zu koordinieren.*

„Beleidigte Leberwurst"
Über Lebensmittel

1. Ich habe ein Schnäppchen gemacht. Ich habe einen schönen, großen Tisch sehr günstig gekauft. Von meiner Nachbarin habe ich ihn **für ´n Appel und ´n Ei** erworben.

Etwas für ´n Appel und ´n Ei bekommen, das heißt, es sehr preiswert für wenig Geld bekommen. (Hochdeutsch: für einen Apfel und ein Ei)

Der Ausdruck kommt vermutlich aus der Nachkriegszeit, als viele Menschen aus der Stadt wertvollen Schmuck oder gute Gegenstände bei Bauern gegen Lebensmittel eingetauscht haben. Wenn man Hunger hat, ist ein Apfel, ein Ei, ein Brot oder ein Käse wichtiger als aller Besitz.

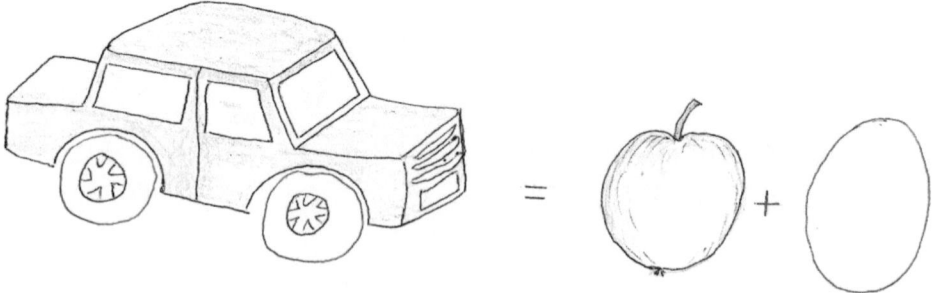

Das Auto ist ein bisschen alt. Aber ich habe es **für ´n Appel und ´n Ei** bekommen.

G.Danal

Du kannst den Ausdruck verwenden, wenn du sagen willst, dass du etwas sehr billig gekauft hast oder dass man nicht mehr viel für etwas bekommt.

Mein altes Auto habe ich **für ´n Appel und ´n Ei verkauft.**

(fast kein Geld mehr dafür bekommen)

Dieses alte Gerät ist nicht mehr viel wert. Es lohnt sich nicht es zu verkaufen. **Man kriegt dafür nur noch ´n Appel und ´n Ei.**

Der Dialekt weist auf einen Ursprung in Norddeutschland hin.

2. Du hast einen Witz über einen Freund gemacht und der ist jetzt sauer und will nicht mehr mit dir reden. Du findest aber diese Reaktion übertrieben und sagst:

„Beleidigte Leberwurst!"

Du verstehst nicht, warum er so reagiert. Der Ursprung der Redensart? Früher glaubte man, dass die Gefühle ihren Sitz in der Leber haben. Man dachte, dass dort auch negative Gefühle entstehen. Mit dem Ausdruck *„beleidigte Leberwurst"* will man sagen, dass der andere doch nicht sauer sein soll, weil es nur ein Spaß war.

„Sei doch keine beleidigte Leberwurst."

beleidigte Leberwurst

3. Jemand versucht, dir die Funktionen deines Mobilfunkgeräts zu erklären. Immer wieder aber du verstehst es nicht. Schließlich verliert die Person die Geduld und sagt: **„Ach, da ist Hopfen und Malz verloren.** Ich gebe auf."

Hopfen und Malz sind zwei Zutaten für Bier. Der Ausdruck kommt also aus der Bierbrauerei. Hopfen und Malz sind verloren, da geht gar nichts mehr, da kann man kein Bier brauen. Schade um die guten Zutaten.

Diese Redewendung hört man ziemlich oft, wenn etwas nicht zu klappen scheint und jemand die Geduld verliert und aufgeben will. Beim Erklären, bei einem Projekt. Bierbrauerei war in früheren Zeiten sehr wichtig und so hat sich diese Redewendung bis heute gehalten.

Du möchtest einem Freund die deutsche Grammatik erklären. Nach einer Stunde hat er immer noch nicht verstanden, wie es funktioniert. Es bleibt ein Rätsel und er kommt damit nicht klar. Oder …

Da ist wirklich Hopfen und Malz verloren.

4. Die Suppe, die man sich eingebrockt hat, muss man auch auslöffeln.

Hmmm. Was bedeutet denn einbrocken?

Ganz einfach. Die Brocken bestehen aus Brot, das man in kleine Teile (Brocken) gerissen hat.

Also: Wenn du viel Brot in deine Suppe gebrockt hast, dann musst du auch deinen Teller leer essen. Das Brot würde die Suppe sauer werden lassen, man kann es nicht später mehr essen.

Was man sich einbrockt, muss man auch auslöffeln.

das Brot   einbrocken   auslöffeln   der Löffel

G.Damd

In welchen Situationen passt das zum Beispiel?

Du hast dich für einen Tanzkurs angemeldet. Jetzt beginnt der Kurs, und plötzlich hast du Angst davor. Zu spät. *Du hast dir die Suppe eingebrockt und du musst sie auslöffeln.*

Du hast dich in eine unangenehme Situation gebracht, du hast dir zu viel Arbeit vorgenommen oder zu viele Termine gemacht.

Deine Frau sagt zu dir: *Du hast dir die Suppe eingebrockt, du musst sie auch auslöffeln.*

Da passt auch ein anderer Ausdruck gut, der ungefähr die gleiche Bedeutung hat: *Wer A sagt, muss auch B sagen.*

Besonders in finanzieller Hinsicht stimmt das natürlich. Wenn ich etwas gekauft habe, ich muss es auch bezahlen. In manchen anderen Situationen findet man einen Ausweg.

Nochmal kurz:

… etwas für 'n Appel und 'n Ei bekommen …= … etwas sehr günstig kaufen

… eine beleidigte Leberwurst sein …
= … sehr empfindlich und leicht beleidigt sein …

Da ist Hopfen und Malz verloren.
= Da hilft alles nichts. Das ist nicht zu retten. Ich gebe auf.

Die Suppe, die man sich eingebrockt hat, muss man auch auslöffeln.
= Die Situation, in die man sich gebracht hat, muss man durchstehen.

„Morgenstund hat Gold im Mund"

Von der Zeit

1. Viele Sprichwörter und Redewendungen haben mit Zeit zu tun. Mit den Tageszeiten, den Wochentagen, den Monaten ....

Beginnen wir mit dem Morgen.

Morgenstund` hat Gold im Mund.

Ja, klar. Wer früh aufsteht, der kann mehr machen, der hat mehr von seinem Tag. Wenn man mehr arbeiten kann, kann man mehr Geld verdienen. Wenn man lange schläft, sind vielleicht schon die besten Chancen weg. Viele Menschen haben auch am Morgen die meiste Energie und die besten Ideen.

So kannst du sagen: Ich stehe früh auf und beginne mit meiner Arbeit.

Morgenstund hat Gold im Mund.

Fast dieselbe Bedeutung hat folgendes Sprichwort:

2. Der frühe Vogel fängt den Wurm.

Auch hier wird deutlich, dass derjenige im Vorteil ist, der früh beginnt.

Der erste Vogel hat alle Würmer noch für sich allein, die anderen Vögel schlafen noch.

3. Morgens wie ein König, mittags wie ein Edelmann, abends wie ein Bettelmann.

Dieses Sprichwort bezieht sich auf das Essen.

Abends viel zu essen, ist nicht gesund, weil es die Nachtruhe erschwert. Es ist besser, morgens gut zu frühstücken und mittags dann etwas weniger zu essen und am Abend nur ganz wenig. So sagt jedenfalls der Volksglaube.

Das erklärt auch, warum die Deutschen die Gewohnheit haben, mittags ihre Hauptmahlzeit zu sich zu nehmen.

Morgens wie ein König, mittags wie ein Edelmann, abends wie ein Bettelmann.

morgens   mittags   abends

4. Ich beginne also früh mit meiner Arbeit, esse ein gutes Frühstück und denke am Nachmittag: Das ist ein guter Tag.

Der Tag läuft bisher super. Ich bin zufrieden.

Aber bin ich da schon sicher? Ich weiß noch nicht, was noch passieren wird, welche Nachrichten mich erreichen werden, was mir gelingt oder nicht gelingt, wer mich ärgern wird usw.

Erst wenn der Tag vorbei ist, kann ich sagen: Das war ein guter Tag.

Man soll den Tag nicht vor dem Abend loben.

5. Die Zeit heilt alle Wunden.

Etwas ist in deinem Leben passiert, du bist traurig und musst immer daran denken. Du bist durch die Prüfung gefallen, du hast Geld verloren, dein Freund hat sich enttäuscht. Jemand sagt zu dir: Die Zeit heilt alle Wunden. Hab Geduld, nach einiger Zeit wirst du wieder fröhlich sein.

Die Zeit heilt alle Wunden.

Kommt Zeit, kommt Rat.

Du hast ein Problem, für das es im Moment keine Lösung zu geben scheint. Wie sehr du auch darüber nachdenkst, dir fällt nichts ein, was du tun könntest.

So ein Sprichwort kann vielleicht Trost geben oder zur Geduld auffordern. Nicht jedes Problem wird schnell gelöst, die meisten eher langsam.

Im Moment können wir da nichts machen. Aber morgen haben wir sicher eine Idee.

Kommt Zeit, kommt Rat.

Und zu guter Letzt:

6. Wer langsam fährt, kommt auch in die Stadt.

Auch wenn es lange dauert, wenn du einen Kurs wiederholen musst, wenn du weiter nach einer Wohnung suchen musst, wenn du noch sparen musst, bevor du dir ein Auto kaufen kannst.

Die Hauptsache ist, dass am Ende alles gut wird.

Wer langsam fährt, kommt auch in die Stadt.

Nochmal kurz:

Morgenstund´ hat Gold im Mund. - Der frühe Vogel fängt den Wurm.
= Wer früh beginnt, kann mehr erreichen.

Morgens wie ein König, mittags wie ein Edelmann, abends wie ein Bettelmann.
= Das Frühstück ist die wichtigste Mahlzeit. Mittags soll man weniger essen und abends noch weniger.

Man soll den Tag nicht vor dem Abend loben.
= Erst am Ende kann man eine Sache beurteilen.

Die Zeit heilt alle Wunden.   / Kommt Zeit, kommt Rat.
= Wenn du ein Problem hast, sei geduldig und es wird sich lösen lassen.

Wer langsam fährt, kommt auch in die Stadt.
= Auch wenn es manchmal lange dauert, bis der Erfolg sich zeigt, wichtig ist das Ergebnis.